Annabel Karmel

Das Baby Kochbuch

Die besten Rezepte für Ihr Kind von 4 bis 12 Monaten

annabel karmel

Bassermann

Über Annabel Karmel

Annabel Karmel ist Mutter von drei Kindern und hat bereits 37 Bücher (mit weltweit über 4 Millionen verkauften Exemplaren) über die verschiedenen Entwicklungsphasen von Kindern geschrieben. Ihr Anliegen ist es, Eltern und ihren Kindern beim bestmöglichen Start ins Leben zu helfen. Weitere Informationen und Rezepte finden Sie unter **www.annabelkarmel.com**.

ISBN: 978-3-8094-3307-1

© 2015 by Bassermann Verlag, einem Unternehmen der Verlagsgruppe Random House GmbH, 81673 München

© der Originalausgabe 2013 by Eddison Sadd Editions

Die deutsche Ausgabe setzt sich zusammen aus Teilen folgender englischer Originaltitel: Annabel Karmel's Favourites: First Foods, 2013; Exploring new tastes, 2013; Growing independence, 2013

Text Copyright © Annabel Karmel 1991, 2001, 2003, 2005, 2009, 2010, 2011, 2013

Bildnachweis:
Alle Fotos stammen von © Dave King 2001, 2005, 2009, 2010, 2011, 2013, mit Ausnahme von: Mauritius Images, Mittenwald: S. 10, S. 32 (Marina Raith); Getty Images, München: S. 70 (Foodcollection/RF)
Illustrationen: Nadine Wikenden

Umschlaggestaltung: Atelier Versen, Bad Aibling
Umschlagfoto: Mauritius Images/Marina Raith
Leitung: Nick Eddison
Redaktion: Katie Golsby
Korrektur: Nikky Twyman
Register: Dorothy Frame
Gestaltung: Brazzle Atkins
Herstellung: Sarah Rooney

Deutsche Ausgabe:
Projektleitung: Birte Schrader
Übersetzung und Satz: lesezeichen Verlagsdienste, Köln
Herstellung: Reinhard Soll
Realisierung: trans texas publishing services GmbH, Köln

Druck und Bindung: Tesinska tiskarna, a.s., Cesky Tesin
Printed in the Czech Republic

MIX
Papier aus verantwortungsvollen Quellen
FSC® C005833

Verlagsgruppe Random House FSC® N001967

Das für dieses Buch verwendete FSC®-zertifizierte Papier *Arctic Silk+* liefert Arctic Paper Grycksbro, Schweden.

Hinweis

• Für Umluftöfen reduzieren Sie die angegebene Temperatur um 20 °C.

Inhalt

Die Wichtigkeit der Milch

Muttermilch ist die allerbeste Nahrung für Neugeborene – darin sind sich heute alle einig. Doch wie lange ein Baby voll gestillt werden und wann das Zufüttern beginnen sollte, da gehen die Meinungen auseinander. Empfohlen wird das Zufüttern fester Nahrung frühestens ab dem vierten Lebensmonat, denn der Verdauungstrakt des Kindes ist bis dahin noch nicht voll ausgereift. Hinsichtlich der Lebensmittel sollten Sie sich unbedingt an eine bestimmte Reihenfolge halten: Besonders allergenarme Obst- und Gemüsesorten sind am Anfang vorzuziehen; als allergen geltende Obst- und Gemüsesorten sollten unbedingt gemieden werden. Je länger das Baby voll gestillt werden kann, umso besser ist es später gegen Allergien, Heuschnupfen, Asthma und Ekzeme geschützt!

Milch, ob Muttermilch oder industriell gefertigte Erstlings- oder Folgemilch, versorgt das Baby während des ersten Lebensjahres mit allen notwendigen Nährstoffen, die es braucht. Kuh- oder Ziegenmilch sind kein Ersatz, weil ihnen wichige Nährstoffe fehlen, und sollten frühestens mit einem Jahr gegeben werden. In geringen Mengen kann Vollfett-Kuhmilch ab sechs Monaten zum Kochen verwendet werden.

Es ist schwer vorherzusagen, wie viel Ihr Baby essen wird, da Hunger und Appetit variieren. Gehen Sie davon aus, dass es am Anfang nur ein oder zwei Löffelchen Brei essen wird, also die Menge eines Eiswürfels. Erhöhen Sie in den nächsten Tagen die Mengen teelöffelweise, und füttern Sie so viel, bis Ihr Baby nicht mehr möchte. Denn Babys sind kompromisslos: Sie wollen nur essen, wenn sie hungrig sind! Verlassen Sie sich auf das natürliche Sättigungsgefühl Ihres Kindes, solange es kontinuierlich zunimmt und Ihr Baby gesund und munter ist.

Der erste Brei

Zu Beginn sollten Breie nahezu flüssig sein und nur aus ein oder zwei Zutaten bestehen. Leitungswasser muss vorher abgekocht werden. Sie können gekochtes Gemüse aber auch mit etwas von dem Kochwasser pürieren oder mit Folgemilch. Ist der Brei hingegen zu flüssig, können Sie ihn mit Reisflocken andicken.

Der Mund eines Babys ist viel temperaturempfindlicher als der eines Erwachsenen, darum sollte der Brei nur hand- oder zimmerwarm sein. Wenn Sie Brei in der Mikrowelle erhitzen, rühren Sie ihn gründlich um und lassen ihn dann wieder etwas abkühlen. Probieren Sie immer zuerst selbst, bevor Sie mit dem Füttern beginnen.

Es gibt einige Lebensmittel, die für Babys bis zu zwölf Monaten ganz und gar ungeeignet sind: Honig • Zucker • Salz • Gewürze • Meeresfrüchte • Pasteten • Geräuchertes • Weich- und Schimmelkäse

Machen Sie die Fütterzeiten zu einem schönen Ritual für sich und Ihr Baby. Halten Sie in etwa die gleichen Uhrzeiten ein und versuchen Sie, zur Ruhe zu kommen. Ist das Kind sehr hungrig, wird ihm die Zeit zwischen zwei Löffeln Brei zu lange vorkommen und es wird unruhig. In diesen Fällen geben Sie vorher ein wenig Milch.

Am Anfang füttern Sie nur einmal am Tag Brei zu, wofür sich die Mittagsmahlzeit gut eignet. Wenn sich Ihr Kind an die neue Mahlzeit und das Ritual gewöhnt hat, können Sie beginnen, eine weitere Still- oder Flaschenmahlzeit durch einen Brei zu ersetzen.

Neue Lebensmittel führen Sie am besten morgens oder mittags ein, niemals abends. Sollte es allergische oder Verdauungsprobleme geben, geschieht das besser nicht mitten in der Nacht.

Zum Füttern sollte das Baby auf dem Schoß oder in einem Wippchen sitzen. Körper- und/oder Blickkontakt sind wichtig. Prüfen Sie die Breitemperatur!

Machen Sie sich keine Sorgen, wenn Ihr Baby nicht essen möchte. Sollte der erste Brei zunächst verweigert werden, warten Sie noch ein paar Tage und versuchen es dann wieder, eventuell mit einem flüssigen Brei, den man trinken kann. Oder tauchen Sie einen (sauberen) Finger in den Brei und lassen Sie das Baby daran nuckeln. Manche Babys mögen nicht das Gefühl des Löffels im Mund. Nimmt das Baby nur kleinste Mengen zu sich, ziehen Sie die Mahlzeit nicht in die Länge, sondern versuchen Sie es bei der nächsten Mahlzeit wieder.

Praktische Küchenausrüstung

Dampfkochtopf – Dämpfen ist die schonendste Garmethode für Obst und Gemüse. Zudem geht es einfach und schnell. Mit mehreren Einsätzen können Sie energiesparend unterschiedliche Lebensmittel gleichzeitig garen.

Stabmixer – Ideal zum Pürieren auch kleiner Mengen. Einfach zu reinigen.

Küchenmaschine Gut für größere Mengen Brei, zum Zubereiten von Hackfleisch, zum feinen Raspeln und Reiben von rohem Obst und Gemüse.

Passiermühle (Flotte Lotte) – Für gekochtes Obst und Gemüse mit relativ harter Haut, nur die weichen Bestandteile werden durchgepresst. Für Kartoffeln ist die Flotte Lotte erste Wahl, denn beim Pürieren in der Küchenmaschine oder mit dem Stabmixer wird der Brei unangenehm klebrig.

Eiswürfelbereiter – Wegen der sehr kleinen Portionen, die das Baby am Anfang braucht, ist das Einfrieren des Breis in Eiswürfelbereitern praktisch. Es gibt Modelle mit Deckel. Anderenfalls decken Sie die Schale mit Klarsichtfolie ab.

Löffel – Der Mund von Babys ist sehr empfindsam und sträubt sich möglicherweise gegen Metall. Wählen Sie kleine, flache Kunststofflöffel.

Teller – Kaufen Sie einen Teller oder eine Schale, möglichst ein Thermomodell. Man füllt heißes Wasser in den Tank, so bleibt der Brei lange warm.

Lätzchen – Beim Füttern wird fast immer gekleckert. Darum kann man gar nicht genug Lätzchen haben. Es gibt Lätzchen mit Ärmeln, die abwaschbar sind, und feste Kunststofflätzchen mit Auffangschale. Letztere sind ideal für ältere Kinder, die schon selbst essen.

Wippe – Das ideale Sitzmöbel beim Füttern, kann auch auf dem Tisch stehen. Das Baby kann Sie – halb sitzend, halb liegend – gut sehen und Sie haben beide Hände frei zum Füttern und Wischen. Sobald das Kind selbst stabil sitzen kann, kann es in den Hochstuhl umziehen.

Anders als Fläschchen müssen Teller und Löffel zum Füttern nicht sterilisiert werden. In der Spülmaschine werden sie ausreichend heiß und gut gereinigt. Eventuell hinterher mit klarem Wasser nachspülen. Reste von Breien sollten unbedingt entsorgt und keinesfalls wieder aufgewärmt werden!

Trinken nicht vergessen!

Der Babykörper besteht zu einem hohen Anteil aus Wasser. Er verliert mehr Feuchtigkeit über Haut und Nieren als Erwachsene, darum ist es lebenswichtig, dass Babys immer ausreichend trinken. In den ersten sechs Monaten geben Sie neben Mutter- oder Folgemilch ausschließlich abgekochtes, abgekühltes Leitungswasser. Mineralwasser enthält, wie der Name schon sagt, viele Mineralien und Salze – zu viele fürs Baby.

Erste Speisen

Rezepte für Babys
ersten Brei

Das Beste für den Anfang

Erste Speisen müssen einfach sein, leicht verdaulich, säure- und allergenarm. Beginnen Sie unbedingt mit einer einzigen Sorte Gemüse, damit Sie mit dem Hinzukommen einer neuen Sorte beobachten können, ob das Kind sie gut verträgt. Nach monatelangem Milchtrinken ist ein neuer Geschmack ohnehin spannend genug für Ihr Baby und es braucht am Anfang noch keine ständige Abwechslung bei den Lebensmitteln.

Wurzelgemüse wie Karotte, Süßkartoffel und Butternusskürbis sind gute und beliebte Anfangsgemüsesorten. Gegart entwickeln sie eine zarte Süße, obendrein lassen sie sich sehr gut pürieren und sogar passieren.

Vermengen Sie den Gemüsebrei nach Belieben mit etwas Muttermilch oder Folgemilch. Wählen Sie unbehandelte, vollreife Produkte und probieren Sie die Speisen immer erst, bevor Sie sie füttern. Mit diesen Obst- und Gemüsesorten können Sie beginnen:

Karotte · Kartoffel · Rübchen · Pastinake · Kürbis ·
Süßkartoffel · Zucchini

Apfel · Birne · Banane · Papaya · Avocado

Banane, Papaya und Avocado werden nicht gegart, sofern sie vollreif sind. Bananen und Avocados sind zudem prima für unterwegs, weil sie quasi schon natürlich verpackt sind und mit einer Gabel ganz leicht zerdrückt werden können.

Flocken sind ebenfalls gut für die ersten festen Speisen. Babyprodukte sind zuckerfrei und mit Vitaminen und Eisen angereichert. Vermischen Sie die Flocken mit Wasser oder Mutter-/Folgemilch oder rühren Sie sie in in einen Obst- oder Gemüsebrei.

Mit fünf oder sechs Monaten, wenn das Baby die ersten Lebensmittel kennengelernt hat, können Sie beginnen, verschiedene Geschmacksnoten zu kombinieren und mit dem Nahrungsangebot zu experimentieren. Grüne Gemüsesorten sind sehr nahrhaft und können mit Wurzelgemüse gemischt werden.

Brei selbst zu kochen macht etwas Mühe, gewiss, aber so können Sie sicher sein, dass qualitativ hochwertige, frische und nahrhafte und unbehandelte Lebensmittel verarbeitet werden. Außerdem ist selbst gekochte Babynahrung deutlich preiswerter als Gläschenkost.

Sobald das kindliche Verdauungssystem voll ausgereift ist, wird es wichtig, ein breites Angebot an Lebensmitteln anzubieten. Das schult die Geschmacksnerven, versorgt den kindlichen Organismus mit allen erforderlichen Vitaminen und Mineralstoffen und macht später den Übergang zum normalen Essen der Erwachsenen einfacher.

Nichtsdestotrotz sind Gläschen eine gute Wahl, wenn Sie mit dem Kind unterwegs sind. Die Inhalte sind streng kontrolliert und unbedenklich. Trotzdem sollte frisch zubereitetes Essen den Hauptspeiseplan ausmachen. Ich bin ziemlich sicher, dass Kinder seltener „schwierige Esser" werden, wenn sie sich an die verschiedenen Geschmacksnoten frischer Kost von früh an gewöhnen. Kinder, die nur Gläschen kennen, sind „echtem" Essen gegenüber leider oft argwöhnisch.

Karottenbrei

Etwas Wasser in einem Topf mit Dämpfeinsatz zum Kochen bringen und die Hitze reduzieren. Die Karotten darin bei köchelndem Wasser abgedeckt 15–20 Minuten garen, bis sie sehr weich sind.

Die Karotten in die Küchenmaschine geben und etwas von der Dämpfflüssigkeit oder von der üblicherweise verwendeten Milch hinzufügen. Sehr fein pürieren. Etwas Karottenbrei in eine kleine Schale geben und lauwarm servieren.

 5 MINUTEN

 15–20 MINUTEN

 4 PORTIONEN

GUT ZUM EINFRIEREN

2 mittelgroße Karotten, geschält und klein geschnitten
etwas Muttermilch oder Folgemilch

Karotten sind perfekt als erste Nahrung für Babys. Sie enthalten viele Nährstoffe, haben einen süßlichen Geschmack und eine weiche Textur. Auch andere Wurzelgemüse, wie etwa Süßkartoffeln, Pastinaken oder Steckrüben, können wie oben beschrieben zubereitet werden.

Kartoffelbrei

🖊 5 MINUTEN

▦ 20 MINUTEN

🍪 6 PORTIONEN

❄ GUT ZUM EINFRIEREN

400 g Kartoffeln, geschält
   und gewürfelt
etwas Muttermilch
   oder Folgemilch

Die Kartoffeln in einen kleinen Topf geben und knapp mit Wasser bedecken. Das Wasser zum Kochen bringen und die Kartoffeln bei mittlerer Hitze 15 Minuten dünsten, bis das Gemüse weich ist.

Die Kartoffeln mit einer Passiermühle (Flotte Lotte) oder einer Kartoffelpresse zu Püree verarbeiten. Einen Teil der Kochflüssigkeit oder der üblicherweise verwendeten Milch beimischen, um die gewünschte Konsistenz zu erhalten.

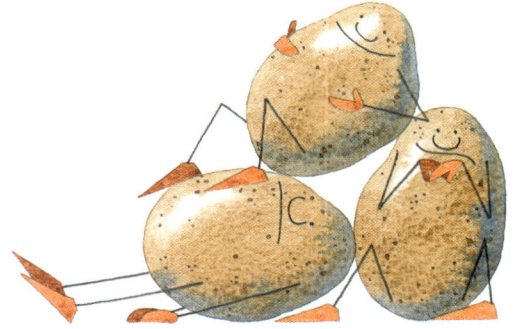

Kartoffeln sind ideal für die Abstillphase, da sie ein mildes Aroma haben und reich an Vitamin C und Kalium sind. Verwenden Sie zum Pürieren keine Küchenmaschine. Dadurch wird die Stärke in den Kartoffeln aufgespalten und der Brei klebrig.

Süßkartoffelbrei aus dem Backofen

 1 MINUTE

 45 MINUTEN

 6 PORTIONEN

 GUT ZUM EINFRIEREN

500 g Süßkartoffeln
etwas Muttermilch
   oder Folgemilch
   (nach Belieben)

Den Backofen auf 200 °C vorheizen. Die Süßkartoffeln waschen und die Schale mit einem Metallspieß oder einer Gabel mehrmals einstechen. Auf ein mit Backpapier belegtes Backblech legen und 45 Minuten im Ofen garen, bis sie weich sind.

Die Kartoffeln aus dem Ofen nehmen, halbieren und das Fleisch mit einem Löffel aus der Schale lösen. In der Küchenmaschine glatt pürieren. Wenn Sie eine etwas dünnere Konsistenz wünschen, können Sie ein wenig der üblicherweise verwendeten Milch beimischen.

Sie können auch normale Kartoffeln im Ofen zubereiten (siehe S. 19). Sie haben jedoch eine längere Garzeit als Süßkartoffeln (etwa 1–1¼ Stunden).

Butternusskürbisbrei aus dem Backofen

 **5 MINUTEN**

 **45–60 MINUTEN**

6 PORTIONEN

GUT ZUM EINFRIEREN

Den Backfen auf 200 °C vorheizen. Die Kürbis-hälften mit Öl einpinseln und mit der Schnittseite nach oben in eine flache, ofenfeste Form geben. Wasser etwa 1 cm hoch einfüllen und den Kürbis 45–60 Minuten im Ofen garen.

Die Form aus dem Backofen nehmen und den Kürbis abkühlen lassen. Das Kürbisfleisch mit einem Löffel aus der Schale lösen und mit dem Öl in der Küchenmaschine pürieren, bis die gewünschte Konsistenz erreicht ist. Bei Bedarf ein wenig von der üblicherweise verwendeten Milch beimischen.

700 g Butternusskürbis,
   halbiert und entkernt
1 EL Sonnenblumenöl
etwas Muttermilch oder
   Folgemilch (nach Belieben)

Sie können auch andere Kürbissorten wie oben be-schrieben zubereiten. Dazu einen Kürbis halbieren und die Hälften jeweils in vier Spalten schneiden.

Bei der Zubereitung im Backofen werden die natürlichen Zucker des Kürbisses hervorgehoben. Kürbis ist ein hervorragendes Gemüse für die Abstillphase, da er leicht verdaulich ist und kaum Allergien auslöst.

Zucchinibrei

5 MINUTEN

10 MINUTEN

8 PORTIONEN

GUT ZUM EINFRIEREN

2 mittelgroße Zucchini, abgebürstet und klein geschnitten, ohne die Enden

Zucchinischale ist sehr weich und muss nicht entfernt, nur abgebürstet werden. Die Zucchini etwa 10 Minuten dämpfen, bis sie weich sind (siehe S. 15). Pürieren oder mit einer Gabel zerdrücken. Zucchini lässt sich gut mit Süßkartoffeln, Karotten oder Kartoffeln kombinieren.

Zucchini und Brokkoli (mit oder ohne Blumenkohl) passen gut zu mildem Wurzelgemüse wie Süßkartoffeln oder Karotten.

Brokkoli-Blumenkohl-Brei

Brokkoli und Blumenkohl etwa 10 Minuten dämpfen (siehe S. 15), bis sie weich sind. Glatt pürieren. Bei Bedarf etwas Kochwasser oder ein wenig von der üblicherweise verwendeten Milch beimischen, bis die gewünschte Konsistenz erreicht ist.

Brokkoli-Blumenkohl-Brei lässt sich gut mit einem Püree aus Wurzelgemüse kombinieren.

🔪 7 MINUTEN

🍳 10 MINUTEN

🕙 4 PORTIONEN

❄ GUT ZUM EINFRIEREN

50 g Brokkoli, gewaschen und in kleine Röschen zerteilt
50 g Blumenkohl, gewaschen und in kleine Röschen zerteilt
etwas Muttermilch oder Folgemilch (nach Belieben)

 12 MINUTEN

15 MINUTEN

3 PORTIONEN

GUT ZUM EINFRIEREN

225 g Süßkartoffel, geschält
und gewürfelt
75 g Karotte, geschält und
gewürfelt
2 EL Mais (TK-Ware oder
aus der Dose), gekocht

Süßkartoffel, Karotte und Mais

Süßkartoffel und Karotte in einen Kochtopf mit Dämpfeinsatz geben und etwa 15 Minuten garen, bis sie weich sind (siehe S. 15). Zusammen mit dem Mais pürieren und 4 Esslöffel Wasser aus dem Topf beimischen.

12 MINUTEN

15 MINUTEN

6 PORTIONEN

GUT ZUM EINFRIEREN

100 g Karotte, geschält und
klein geschnitten
200 g Butternusskürbis,
geschält, entkernt und
gewürfelt
50 g Apfel, geschält, Kerngehäuse entfernt, gewürfelt
10 g Dörrpflaumen, gewürfelt

Butternusskürbis, Karotte und Apfel

Karotte und Kürbis in einen Kochtopf mit Dämpfeinsatz geben und etwa 5 Minuten garen (siehe S. 15). Apfel und Dörrpflaumen dazugeben und weitere 10 Minuten dämpfen, bis alle Zutaten weich sind. Mit 2 Esslöffel Wasser aus dem Topf alles fein pürieren.

Rechts: Butternusskürbis, Karotte und Apfel

Birnenbrei

🔪 5 MINUTEN
🍳 3–5 MINUTEN
🥧 3 PORTIONEN
❄️ GUT ZUM EINFRIEREN

2 große oder 4 kleine Birnen, geschält, Kerngehäuse entfernt, gewürfelt
einige Reisflocken (nach Belieben)

Die Birnen in einen Kochtopf mit Dämpfeinsatz geben und etwa 3–5 Minuten garen, bis sie weich sind. Je reifer die Birnen sind, desto schneller werden sie weich. Mit dem Stabmixer pürieren und nach Belieben mit Reisflocken andicken.

Pfirsich, Birne und Reisflocken

🔪 5 MINUTEN
🥧 3 PORTIONEN
❄️ GUT ZUM EINFRIEREN

1 reifer Pfirsich, geschält, entsteint und gewürfelt
1 reife Birne, geschält, Kerngehäuse entfernt, gewürfelt
einige Reisflocken

Pfirsich und Birne mit dem Stabmixer pürieren und einige Reisflocken einrühren.

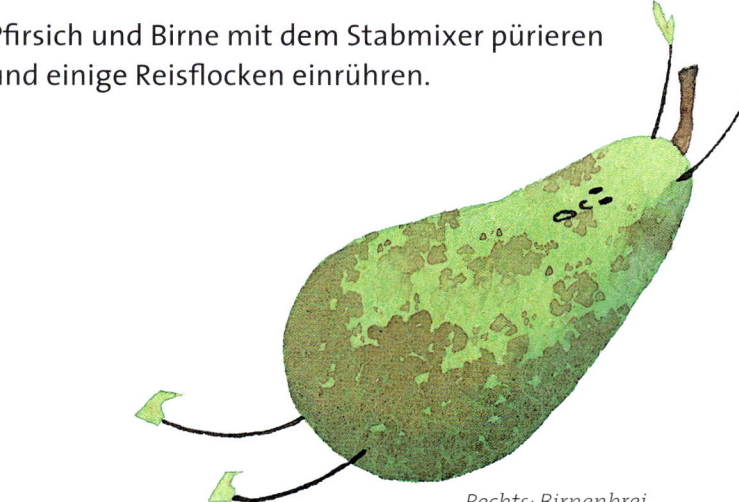

Rechts: Birnenbrei

Aprikose, Apfel, Birne und Vanille

🖊 8 MINUTEN

⊡ 7–8 MINUTEN

🕒 3 PORTIONEN

❄ GUT ZUM EINFRIEREN

75 g getrocknete Aprikosen, gewürfelt

150 g Apfel, geschält, Kerngehäuse entfernt, gewürfelt

3 EL Apfelsaft

2 EL Wasser

einige Tropfen Vanilleextrakt

200 g Birne, geschält, Kerngehäuse entfernt, gewürfelt

Aprikosen, Apfel, Apfelsaft, Wasser und Vanilleextrakt in einen kleinen Topf geben, zum Kochen bringen und 4 Minuten dünsten. Die Birne zufügen und weitere 2–3 Minuten dünsten. Mit dem Stabmixer pürieren.

Getrocknete Aprikose ist ein wahres Superfood. Beim Trocknen bleiben die wertvollen Inhaltsstoffe in konzentrierter Form erhalten. Die Früchte enthalten viel Eisen sowie Vitamin A und C.

Getrocknete Früchte, wie Aprikosen und Rosinen, sollten mit einer Passiermühle (Flotte Lotte) verarbeitet werden. Dabei wird die Schale entfernt, die für kleine Babys schwer verdaulich ist.

Apfel, Birne, Heidelbeeren und Vanille

Alle Zutaten in einen kleinen Topf geben.
Abdecken und bei kleiner Hitze etwa 6 Minuten
kochen. In der Küchenmaschine pürieren.

 7 MINUTEN

 6 MINUTEN

2 PORTIONEN

GUT ZUM EINFRIEREN

1 Apfel, geschält, Kerngehäuse
   entfernt, gewürfelt
1 reife Birne, geschält, Kerngehäuse entfernt, gewürfelt
40 g Heidelbeeren, gewaschen
¼ TL Vanilleextrakt

Apfel, Aprikose und Birne

Apfel und getrocknete Aprikosen in einem kleinen
Topf knapp mit Wasser bedecken. Abdecken, zum
Kochen bringen und 5 Minuten dünsten. Die Birne
hinzufügen und weitere 2 Minuten köcheln. Glatt
pürieren.

   Getreidebreipulver und Milch mit dem Frucht-
püree vermengen.

 8 MINUTEN

 10 MINUTEN

2 PORTIONEN

GUT ZUM EINFRIEREN

1 Apfel, geschält, Kerngehäuse
   entfernt, gewürfelt
60 g getrocknete Aprikosen,
   grob gewürfelt
4 EL Wasser
1 reife Birne, geschält, Kerngehäuse entfernt, gewürfelt
1 EL Getreidebreipulver
2 EL Muttermilch oder
   Folgemilch

*Sie können das Rezept mit zerdrückter Banane
verfeinern. Mischen Sie sie vor dem Servieren unter.
Banane sollte allerdings nicht eingefroren werden.*

Links: Apfel, Birne, Heidelbeeren und Vanille

Apfel-Rosinen-Kompott

Den Orangensaft in einem kleinen Topf erhitzen. Äpfel und Rosinen darin bei geringer Hitze etwa 5 Minuten köcheln, bis sie weich sind. Bei Bedarf noch etwas Wasser dazugeben. Alles glatt pürieren.

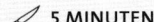 5 MINUTEN

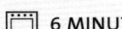 6 MINUTEN

 8 PORTIONEN

 GUT ZUM EINFRIEREN

3 EL frisch gepresster Orangensaft
2 Äpfel, geschält, Kerngehäuse entfernt, klein geschnitten
15 g Rosinen, gewaschen

Nektarinen-Bananen-Brei

Das Milchbreipulver mit dem Wasser in einer kleinen Schüssel vermischen. Die Nektarine und die Banane mit dem Stabmixer pürieren und mit dem Milchbrei vermischen.

🔪 5 MINUTEN

📅 20 MINUTEN

🍲 1 PORTION

❄ NICHT EINFRIEREN

1 EL Milchbreipulver
1 EL abgekochtes Wasser, abgekühlt
1 reife Nektarine, geschält, entsteint und gewürfelt
½ kleine reife Banane, geschält und klein geschnitten

Links: Nektarinen-Bananen-Brei

Mal was Neues

*Neuer Geschmack und
neue Texturen*

Neue Lebensmittel entdecken

Zwischen sechs und neun Monaten, wenn die ersten Obst- und Gemüsesorten Einzug in den Alltag gefunden haben, können Sie deren Auswahl vergrößern und mehr variieren und experimentieren. In dieser Phase entwickeln sich Babys schnell, aber jedes für sich unterschiedlich. Verbindliche Regeln sind deshalb nicht besonders hilfreich. Beobachten Sie Ihr Kind und passen Sie sich seinen Fortschritten an. In diesen drei Monaten lernen die meisten, allein zu sitzen und die ersten Zähnchen zeigen sich. Beides hat große Auswirkungen auf das Essen. Außerdem verschlucken sich die Babys nicht mehr so oft und können nun auch Speisen mit Stückchen zu sich nehmen, bei denen auch die ersten Zähne etwas zu tun bekommen.

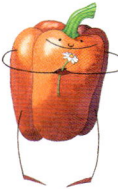

Im ersten Jahr wachsen Kinder schneller als jemals wieder in ihrem Leben. Darum genügen Speisen, die nur aus Obst und Gemüse bestehen, nicht mehr. Der Kalorienbedarf ist deutlich höher, daher müssen die Speisen gehaltvoller werden. Fleisch und Geflügel sind nicht allergen, aber reich an Eisen und Proteinen und deshalb für die Ernährung wertvoll. Kombinieren Sie Fleisch und Geflügel, am besten ganz frisch durch den Fleischwolf gedreht, zunächst mit etwas Süßlichem wie Wurzelgemüse, getrockneten Aprikosen oder Apfel.

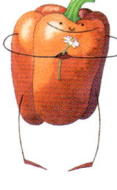

Der natürliche Eisenvorrat, mit dem Babys auf die Welt kommen, nimmt langsam ab und der Eisenspeicher muss allmählich über die Nahrung aufgefüllt werden. Eisen, das aus Fleisch zugeführt wird, kann vom Körper am einfachsten aufgenommen werden. In grünem Blattgemüse sowie in Hülsenfrüchten findet sich auch Eisen, dieses wird vom Körper jedoch nicht so gut absorbiert. Es wird nur aufgenommen, wenn Sie auch gleichzeitig Vitamin-C-reiche Lebensmittel füttern.

Fisch ist ebenfalls ein sinnvolles Lebenmittel für Babys. Manche Kinder mögen den Geschmack nicht, in dem Fall tricksen Sie etwas, indem Sie Karotten, Käse oder Tomaten zufügen.

Eier sind eine gesunde Proteinquelle und auch sonst reich an wichtigen Nährstoffen. Kochen Sie die Eier hart oder versuchen Sie Rührei mit etwas Käse und Tomate.

Nüsse zählen zu den allergenen Lebensmitteln. Allerdings zeigen neue – noch nicht bestätigte – Studien, dass eine frühe Gabe von Nüssen sogar eine Allergie verhindern kann. Bei einer familiären Neigung zu Allergien oder Ekzemen sollten Sie trotzdem vorsichtig sein. Mandeln und Erdnüsse etwa sind botanisch gar keine Nüsse und meist unproblematisch, müssen aber zerkleinert sein.

Ab dem sechsten Lebensmonat können Milchprodukte – von Kuh, Schaf oder Ziege – gefüttert werden. Bevorzugen Sie am Anfang vollfette Produkte und Käse aus pasteurisierter Milch. Vermeiden Sie vorerst noch Schimmel- und Weichkäse.

Das Kind kann nun auch nicht-abgekochtes Leitungswasser trinken. Auch sehr stark verdünnter Fruchtsaft kann schon gegeben werden, aber mit Bedacht. Der Fruchtzucker und die Säure schaden den Zähnen. Vielleicht warten Sie damit lieber, bis das Kind aus dem Becher trinkt und die Zähne nicht so intensiv mit dem Saft umspült werden, als wenn sie aus dem Sauger getrunken werden. Manche Kinder finden das Trinken aus dem Fläschchen bequemer als das Essen mit dem Löffel. Steigen Sie in dem Fall möglichst bald vom Fläschchen auf den Becher um, dann klappt es auch mit den Breien besser.

Süßkartoffel mit Spinat und Erbsen

Die Butter in einem kleinen Topf zerlassen und den Lauch darin 3–4 Minuten dünsten, bis er weich ist. Die Süßkartoffel hinzufügen und mit 200 ml Wasser aufgießen. Aufkochen, abdecken und bei geringer Hitze 7–8 Minuten köcheln. Erbsen und Spinat dazugeben und weitere 3 Minuten köcheln.

In der Küchenmaschine pürieren. Bei Bedarf etwas von der Kochflüssigkeit zufügen, um die gewünschte Konsistenz zu erhalten.

 7 MINUTEN

 15 MINUTEN

 5 PORTIONEN

 GUT ZUM EINFRIEREN

25 g Butter
50 g Lauch, gewaschen und klein geschnitten
375 g Süßkartoffel, geschält und gewürfelt
50 g Erbsen (TK-Ware)
75 g frischer Babyspinat, gewaschen und harte Stängel entfernt

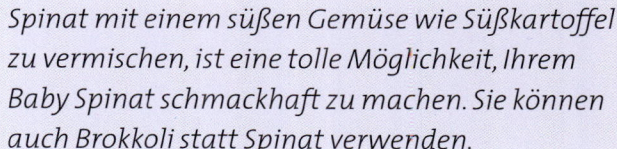

Spinat mit einem süßen Gemüse wie Süßkartoffel zu vermischen, ist eine tolle Möglichkeit, Ihrem Baby Spinat schmackhaft zu machen. Sie können auch Brokkoli statt Spinat verwenden.

Linsenbrei

7 MINUTEN

30 MINUTEN

5 PORTIONEN

GUT ZUM EINFRIEREN

1 EL Sonnenblumenöl

50 g Zwiebel, geschält und
klein gewürfelt

100 g Karotte, gewürfelt

15 g Knollensellerie,
gewaschen und gewürfelt

50 g rote Linsen, abgespült

225 g Süßkartoffel, geschält
und gewürfelt

300 ml ungesalzener
Gemüsefond oder Wasser

30 g geriebener Edamer

Das Öl in einem kleinen Topf erhitzen und Zwiebel, Karotte und Sellerie etwa 5 Minuten darin dünsten, bis sie weich sind. Die Linsen zufügen und 1 Minute weiterdünsten. Die Süßkartoffel zufügen und den Fond oder das Wasser zugießen. Alles zum Kochen bringen, dann die Hitze reduzieren und abgedeckt etwa 20 Minuten köcheln, bis die Linsen ganz weich sind.

In der Küchenmaschine pürieren und den Käse einrühren, bis er geschmolzen ist.

Linsenbrei ist schmackhaft und bei Babys sehr beliebt. Linsen enthalten viel Eiweiß und Eisen und sind besonders wertvoll, wenn Sie Ihr Baby vegetarisch ernähren.

Karotte, Süßkartoffel und Brokkoli

✐ 7 MINUTEN

▭ 20 MINUTEN

◷ 5 PORTIONEN

✳ GUT ZUM EINFRIEREN

20 g Butter
75 g Lauch, geschält,
  gewaschen und klein
  geschnitten
150 g Karotten, geschält
  und gewürfelt
150 g Süßkartoffel, geschält
  und gewürfelt
150 ml Milch
150 ml Wasser
50 g Brokkoliröschen
25 g geriebener Parmesan

Die Butter in einem kleinen Topf zerlassen. Lauch, Karotten und Süßkartoffel hinzufügen und 3 Minuten dünsten. Milch und Wasser zugießen, aufkochen, abdecken und bei geringer Hitze 10 Minuten köcheln. Den Brokkoli dazugeben und weitere 5 Minuten dünsten, bis das Gemüse weich ist.

Alles glatt pürieren und den Käse einrühren, bis er geschmolzen ist.

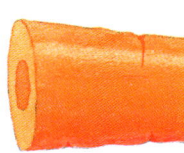

Süßer Gemüsebrei

Alle Gemüsesorten in einen Kochtopf mit Dämpfeinsatz geben und etwa 20 Minuten dämpfen, bis sie weich sind (siehe S. 15).

Alternativ das Gemüse in einem Topf mit kochendem Wasser bedecken. Aufkochen, dann die Hitze reduzieren und abgedeckt etwa 20 Minuten köcheln, bis das Gemüse weich ist.

Das Gemüse abtropfen lassen und mit dem Stabmixer pürieren, bis die gewünschte Konsistenz erreicht ist. Die Milch zufügen und den Käse untermischen, bis er geschmolzen ist.

10 MINUTEN
20 MINUTEN
3–4 PORTIONEN
GUT ZUM EINFRIEREN

150 g Butternusskürbis, geschält, entkernt und gewürfelt
75 g Pastinake, geschält und gewürfelt
150 g Karotten, geschält und gewürfelt
3 EL Milch
1 EL geriebener Edamer

Wurzelgemüse ist von Natur aus süßlich und leicht verdaulich.

Zitronen-Seezungen-Püree

 15 MINUTEN

 20 MINUTEN

 5 PORTIONEN

❄ GUT ZUM EINFRIEREN

15 g Butter

75 g Lauch, gründlich
gewaschen und klein
geschnitten

150 g Karotten, geschält
und gewürfelt

150 g Kartoffeln, geschält
und gewürfelt

150 ml Milch

150 ml Wasser

150 g Seezungenfilet
ohne Haut, in Stücke
geschnitten

30 g Spinat, gewaschen
und klein geschnitten

1 EL Dill, klein geschnitten

1 TL Zitronensaft

25 g geriebener Parmesan

Die Butter in einem kleinen Topf zerlassen.
Lauch, Karotten und Kartoffeln zufügen und
3 Minuten dünsten. Milch und Wasser zugießen,
aufkochen, abdecken und 10 Minuten köcheln.
Seezunge, Spinat, Dill und Zitronensaft zugeben
und weitere 5 Minuten garen.

Glatt pürieren, dann den Käse einrühren, bis
er geschmolzen ist.

*Fisch eignet sich hervorragend für Babynahrung.
Versuchen Sie, Ihr Baby möglichst schnell an den
Geschmack zu gewöhnen.*

Schellfisch, Karotte und Erbsen

Die Butter in einem kleinen Topf zerlassen. Zwiebel, Karotten und Sellerie zugeben und 5 Minuten dünsten.

Kartoffeln, Wasser und Milch hinzufügen, aufkochen, abdecken und bei geringer Hitze 15 Minuten köcheln. Erbsen und Schellfisch dazugeben und weitere 4–5 Minuten köcheln lassen. Nach Belieben glatt pürieren und den Käse einrühren, bis er geschmolzen ist.

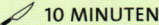 10 MINUTEN

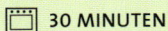 30 MINUTEN

 5 PORTIONEN

❋ GUT ZUM EINFRIEREN

20 g Butter
100 g Zwiebel, geschält und gewürfelt
100 g Karotten, geschält und gewürfelt
75 g Knollensellerie, gewaschen und gewürfelt
175 g Kartoffeln, geschält und gewürfelt
200 ml Wasser
150 ml Milch
50 g Erbsen (TK-Ware)

175 g Schellfischfilet ohne Haut, gewürfelt
50 g geriebener Parmesan

Kabeljau mit Orange und Kürbis

🔪 15 MINUTEN

🍲 25 MINUTEN

🍽 5 PORTIONEN

❄ GUT ZUM EINFRIEREN

1 EL Sonnenblumenöl
75 g Zwiebel, geschält
  und gewürfelt
30 g rote Paprika,
  gewaschen, entkernt
  und gewürfelt
150 g Butternusskürbis,
  geschält, entkernt und
  gewürfelt
75 g Süßkartoffel, geschält
  und gewürfelt
250 g stückige Tomaten
  aus der Dose
5 EL Orangensaft
250 ml Wasser
150 g Kabeljaufilet ohne
  Haut, gewürfelt

Das Öl in einem Topf erhitzen. Zwiebel, Paprika, Butternusskürbis und Süßkartoffel hinzufügen und 5 Minuten dünsten. Tomaten, Orangensaft und Wasser dazugeben. Aufkochen und abgedeckt 10 Minuten köcheln. Den Kabeljau zufügen und weitere 5 Minuten köcheln. Alles glatt pürieren.

Kaufen Sie Orangen möglichst immer in Bioqualität. Konservierungsmittel dringen durch die Schale ins Innere der Frucht.

Fischtopf

Kartoffeln und Zwiebel in einen Topf geben.
Mit der Milch und dem Fischfond bedecken.
Aufkochen und abgedeckt 10 Minuten köcheln.
Erbsen und Kabeljau hinzufügen und weitere
5 Minuten köcheln.

Nach Belieben alles glatt pürieren, dann
Zitronensaft, Käse und Dill einrühren.

🔪 10 MINUTEN

🔲 20 MINUTEN

🍕 4 PORTIONEN

❄ GUT ZUM EINFRIEREN

200 g Kartoffeln, geschält
 und in Würfel geschnitten
60 g Zwiebel, geschält und
 klein gewürfelt
100 ml Milch
100 ml ungesalzener
 Fischfond
50 g Erbsen (TK-Ware)
150 g Kabeljaufilet ohne
 Haut, gewürfelt
1 TL Zitronensaft
3 EL geriebener Parmesan
1 TL gehackter Dill

Hühnchen mit Süßkartoffel und Apfel

Die Butter in einem Topf zerlassen und die Zwiebel darin 2–3 Minuten dünsten. Das Hähnchenbrustfilet hinzufügen und ein paar Minuten braten, bis die Oberfläche rundherum hell ist. Süßkartoffel und Apfel dazugeben, dann den Fond zugießen. Aufkochen und abgedeckt 12 Minuten köcheln. Bis zur gewünschten Konsistenz pürieren.

✎ 10 MINUTEN

🖵 25 MINUTEN

◉ 8 PORTIONEN

❄ GUT ZUM EINFRIEREN

15 g Butter
40 g Zwiebel, geschält und gewürfelt
100 g Hähnchenbrustfilet, gewürfelt
300 g Süßkartoffel, geschält und gewürfelt
½ Apfel, geschält und gewürfelt
200 ml ungesalzener Geflügelfond

Hähnchen ist reich an Eiweiß und Vitamin B12. Diese Inhaltsstoffe finden sich so nicht in Pflanzen.

Annabels Hühnchenbrei

🔪 10 MINUTEN

🍳 20 MINUTEN

🍪 5 PORTIONEN

❄️ GUT ZUM EINFRIEREN

1 EL Sonnenblumenöl

75 g rote Zwiebel, geschält und gewürfelt

50 g rote Paprika, gewaschen, entkernt und gewürfelt

75 g Apfel, geschält, Kerngehäuse entfernt und gewürfelt

100 g Karotte, geschält und gewürfelt

150 g Hähnchen- oder Putenbrustfilet, durch den Fleischwolf gedreht

2 Dörrpflaumen, gewürfelt

½ TL Zimtpulver

400 g stückige Tomaten aus der Dose

150 ml Wasser

1 TL Tomatenmark

Öl in einer Pfanne erhitzen. Zwiebel, rote Paprika, Apfel und Karotte darin 2 Minuten dünsten. Hähnchen- oder Putenfleisch, Dörrpflaumen und Zimt dazugeben und braten, bis das Fleisch gebräunt ist. Das Fleisch dabei mit der Gabel zerdrücken. Tomaten, Wasser und Tomatenmark zugeben. Aufkochen und abgedeckt weitere 15 Minuten köcheln. Glatt pürieren.

Dörrpflaumen enthalten viele Ballaststoffe und Eisen. Sie sind ein bewährtes Mittel gegen Verstopfung, da sie natürlich abführend wirken.

Hühnchen mit Mais

Das Öl in einem kleinen Topf erhitzen. Zwiebel und Karotten darin 3 Minuten dünsten. Kartoffeln, Süßkartoffel, Hähnchen, Mais, Milch und Wasser zugeben, aufkochen und abgedeckt 15 Minuten bei geringer Hitze köcheln. Glatt pürieren und den Käse einrühren, bis er geschmolzen ist. Zum Schluss den Zitronensaft unterrühren.

 10 MINUTEN

 20 MINUTEN

 5 PORTIONEN

 GUT ZUM EINFRIEREN

1 EL Sonnenblumenöl
100 g Gemüsezwiebel, geschält und gewürfelt
100 g Karotten, geschält und gewürfelt
100 g Kartoffeln, geschält und gewürfelt
50 g Süßkartoffel, geschält und gewürfelt
100 g Hähnchenbrustfilet, gewürfelt
100 g Mais (TK-Ware oder aus der Dose, abgetropft)
150 ml Milch
150 ml Wasser
25 g geriebener Parmesan
½ TL Zitronensaft

Geschmortes Rindfleisch mit Karotte, Pastinake und Süßkartoffel

 12 MINUTEN

 1 STUNDE 50 MINUTEN

5 PORTIONEN

GUT ZUM EINFRIEREN

1 EL Olivenöl

75 g Zwiebel, geschält und gewürfelt

150 g mageres Rindersteak, durch den Fleischwolf gedreht

2 EL Mehl

150 g Karotten, geschält und klein geschnitten

75 g Pastinake, geschält und klein geschnitten

250 g Süßkartoffel, geschält und gewürfelt

1 Lorbeerblatt

1 EL frisch gehackte Petersilie

400 ml ungesalzener Geflügelfond

Das Öl in einem schweren Topf oder in einer kleinen Kasserolle erhitzen. Die Zwiebel darin 3–4 Minuten dünsten, bis sie weich ist. Das Fleisch zugeben und anbraten, bis es rundherum braun ist, dabei mit der Gabel zerdrücken. Mit dem Mehl bestäuben. Karotten, Pastinake, Süßkartoffel, Lorbeerblatt und Petersilie hinzufügen und mit dem Fond auffüllen. Aufkochen und bei geringer Hitze abgedeckt etwa 1¾ Stunden schmoren, bis das Fleisch weich ist.

Das Lorbeerblatt herausnehmen und das Ganze mit so viel von der Kochflüssigkeit pürieren, bis die gewünschte Konsistenz erreicht ist.

Manche Babys verweigern rotes Fleisch. Mit Wurzelgemüse vermischt bekommt es eine mildere Struktur und einen süßlichen Geschmack, den Babys gerne mögen.

Rindfleisch, Karotte und Süßkartoffel

Das Öl in einem kleinen Topf erhitzen. Zwiebel und Karotten hinzufügen und 2 Minuten dünsten. Das Rinderhackfleisch zugeben und mit dem Gemüse anbraten, bis es leicht gebräunt ist. Süßkartoffel, Tomaten, Dörrpflaumen, Wasser und Lorbeerblatt zufügen, aufkochen und abgedeckt 20 Minuten köcheln. Das Lorbeerblatt entfernen, dann alles glatt pürieren.

✐ 7 MINUTEN

▭ 30 MINUTEN

◔ 6 PORTIONEN

❄ GUT ZUM EINFRIEREN

1 EL Sonnenblumenöl
100 g rote Zwiebel, geschält und gewürfelt
100 g Karotten, geschält und gewürfelt
150 g Rinderhackfleisch
450 g Süßkartoffel, geschält und gewürfelt
400 g stückige Tomaten aus der Dose
2 Dörrpflaumen, gewürfelt
200 ml Wasser
1 Lorbeerblatt

Getrocknete Früchte verleihen dem Brei eine Süße, die Babys gerne mögen.

Muschelnudeln mit Butternusskürbis in Tomatensauce

🖊 10 MINUTEN

⬚ 15 MINUTEN

◔ 2 PORTIONEN

✳ GUT ZUM EINFRIEREN

2 EL Suppennudeln
in Muschelform
150 g Butternusskürbis,
geschält, entkernt und
gewürfelt
15 g Butter
3 mittelgroße Tomaten,
gehäutet, entkernt und
geviertelt
30 g geriebener Edamer

Die Nudeln nach Packungsanweisung garen, aber ohne Salz im Kochwasser. Den Butternusskürbis 10 Minuten dämpfen (siehe S. 15), bis er weich ist.

In der Zwischenzeit die Butter in einem kleinen Topf zerlassen und die Tomaten darin dünsten, bis sie zerfallen. Den Käse einrühren, bis er geschmolzen ist.

Butternusskürbis, Tomate und Käse vermischen, nach Belieben pürieren. Die Nudeln abgießen und unter die Sauce heben.

Mit kleinen Nudelsorten gewöhnen Sie Ihr Baby nach und nach an etwas festere Nahrung.

Muschelnudeln mit Karotte und Tomate

- ✎ 8 MINUTEN
- 🗒 20 MINUTEN
- 🔄 4 PORTIONEN
- ❄ GUT ZUM EINFRIEREN

125 g Karotten, geschält und
  klein geschnitten
40 g Suppennudeln in
  Muschelform
20 g Butter
225 g Tomaten, gehäutet,
  entkernt und geviertelt
40 g geriebener Edamer
2 frische Basilikumblätter,
  zerzupft

Die Karotten etwa 20 Minuten dämpfen
(siehe S. 15), bis sie weich sind. Die Nudeln nach
Packungsanweisung garen, aber ohne Salz im
Kochwasser.

In der Zwischenzeit die Butter in einem Topf
zerlassen und die Tomaten darin dünsten, bis
sie zerfallen. Vom Herd nehmen und den Käse
einrühren, bis er geschmolzen ist. Dann das
Basilikum zufügen.

Die Karotten, 3 Esslöffel Kochwasser und die
Tomaten fein pürieren. Die Nudeln abgießen und
mit der Sauce vermischen.

Karotten sind am nahrhaftesten, wenn man sie mit Butter oder Öl zubereitet, da das enthaltene Beta-Carotin so vom Körper besser aufgenommen werden kann. Das gleiche gilt auch für Tomaten, die reich an dem Antioxidant Lycopin sind.

Baby-Bolognese

Die Nudeln nach Packungsanweisung garen, aber ohne Salz im Kochwasser, und abgießen.

In der Zwischenzeit das Öl in einem kleinen Topf erhitzen. Zwiebel, Karotten und Paprika darin 3 Minuten dünsten. Das Hackfleisch zugeben und anbräunen. Die übrigen Zutaten bis auf den Parmesan zufügen. Aufkochen und abgedeckt 35–40 Minuten bei geringer Hitze köcheln.

Das Lorbeerblatt entfernen, ein Drittel der Sauce in ein schmales, hohes Gefäß geben und mit einem Stabmixer fein zerkleinern. In den Topf zurückgießen und mit Nudeln und Parmesan vermischen.

 10 MINUTEN

 45–50 MINUTEN

 6 PORTIONEN

 GUT ZUM EINFRIEREN

100 g kleine Suppennudeln
1 TL Sonnenblumenöl
60 g Zwiebel, geschält
 und gewürfelt
100 g Karotten, geschält
 und gerieben
50 g rote Paprika,
 gewaschen, entkernt
 und gewürfelt
175 g Rinderhackfleisch
400 g stückige Tomaten
 aus der Dose
100 ml ungesalzener
 Rinderfond
100 ml Apfelsaft
1 TL Thymian,
 klein geschnitten
1 Lorbeerblatt
1 EL Tomatenmark
25 g geriebener Parmesan

Lieblingsbrei

Milch, Schmelzflocken und Aprikosen in einen kleinen Topf geben. Aufkochen und bei geringer Hitze unter gelegentlichem Rühren 3 Minuten köcheln. Die Birne hinzufügen und alles mit dem Stabmixer fein zerkleinern.

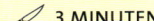 3 MINUTEN

 5 MINUTEN

 4 PORTIONEN

 GUT ZUM EINFRIEREN

150 ml Milch
15 g Schmelzflocken
6 getrocknete Aprikosen
   ohne Stein, gewürfelt
1 große reife Birne, geschält,
   und klein geschnitten

Bananen-Feigen-Brei

2 EL Schmelzflocken
2 weiche getrocknete
  Feigen, klein geschnitten
175 ml Wasser
1 kleine Banane

Schmelzflocken, Feigen und Wasser in einen kleinen Topf geben und zum Kochen bringen. Die Hitze reduzieren und abgedeckt 5 Minuten köcheln. Mit der Flotten Lotte (Passiermühle) passieren. Die Banane zerdrücken und mit dem Brei vermischen.

Etwas von dem fertigen Brei in eine Schüssel umfüllen und abkühlen lassen.

Apfel, Birne und Dörrpflaume mit Hafer

Schmelzflocken, Apfelsaft und Wasser in einen kleinen Topf geben, aufkochen und abgedeckt bei geringer Hitze 2 Minuten köcheln. Apfel, Dörrpflaumen und Birne hinzufügen, abdecken und bei geringer Hitze unter gelegentlichem Rühren 3 Minuten köcheln. Glatt rühren, bis die gewünschte Konsistenz erreicht ist.

5 MINUTEN

6 MINUTEN

2 PORTIONEN

GUT ZUM EINFRIEREN

2 EL Hafer-Schmelzflocken
4 EL Apfelsaft
2 EL Wasser
1 Apfel, geschält, Kern-
   gehäuse entfernt und
   gewürfelt
2 Dörrpflaumen, entsteint
   und gewürfelt
1 kleine reife Birne, geschält,
   Kerngehäuse entfernt und
   gewürfelt

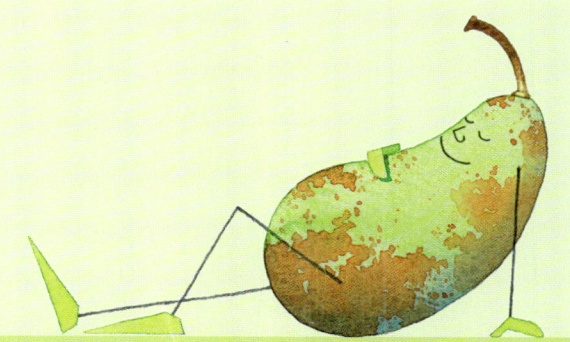

Sie können statt Dörrpflaumen auch weiche getrocknete Feigen verwenden.

Hafer, Banane, Pfirsich und Aprikose

Milch, Schmelzflocken und Aprikosen in einem kleinen Topf aufkochen und ein paar Minuten bei mittlerer Hitze unter Rühren köcheln, bis der Brei eindickt. Pfirsich und Banane hinzufügen und weitere 2 Minuten köcheln. Glatt pürieren.

 4 MINUTEN

7 MINUTEN

3 PORTIONEN

NICHT EINFRIEREN

150 ml Milch
20 g Hafer-Schmelzflocken
25 g getrocknete Aprikosen, gewürfelt
1 reifer Pfirsich, geschält (*siehe Kasten unten*), entsteint und gewürfelt
2 kleine Bananen, geschält und klein geschnitten

Nektarine und Apfel

Die Butter in einem kleinen Topf zerlassen. Nektarine, Apfel und Apfelsaft hinzufügen und 8–10 Minuten köcheln, bis die Früchte weich sind. Glatt pürieren.

 4 MINUTEN

9–11 MINUTEN

2 PORTIONEN

GUT ZUM EINFRIEREN

Um die Schale von weichen Früchten zu entfernen, die Früchte mit einem scharfen Messer an der Unterseite kreuzförmig einschneiden. In eine Schüssel geben und mit kochendem Wasser übergießen. Nach 1 Minute unter kaltem Wasser abspülen.

1 TL Butter
150 g Nektarine, geschält (*siehe Kasten links*), entsteint und gewürfelt
100 g Apfel, geschält, Kerngehäuse entfernt und gewürfelt
3 EL Apfelsaft

 5 MINUTEN

7 MINUTEN

2 PORTIONEN

GUT ZUM EINFRIEREN

1 TL Butter
3 reife Pflaumen, geschält,
   entsteint und gewürfelt
1 Pfirsich, geschält, entsteint
   und gewürfelt
20 g Dörrpflaumen,
   entsteint und gewürfelt
1 EL Apfelsaft

 6 MINUTEN

4–5 MINUTEN

2 PORTIONEN

GUT ZUM EINFRIEREN

1 Apfel, geschält, Kern-
   gehäuse entfernt und
   gewürfelt
1 große reife Birne, geschält,
   Kerngehäuse entfernt und
   gewürfelt
2 reife Pflaumen, gehäutet,
   entsteint und gewürfelt
1 Prise Zimtpulver
2 EL Ricotta oder Joghurt
   (nach Belieben)

Pflaume und Pfirsich

Die Butter in einem kleinen Topf zerlassen. Pflaumen, Pfirsich, Dörrpflaumen und Apfelsaft hinzufügen und unter gelegentlichem Rühren 5 Minuten dünsten, bis alles weich ist. Glatt pürieren.

Apfel, Birne und Pflaume mit Zimt

Die Früchte mit 1 Esslöffel Wasser und dem Zimt in einen kleinen Topf geben. Aufkochen lassen und abgedeckt bei geringer Hitze 4–5 Minuten köcheln. Glatt pürieren. Nach Belieben den Ricotta oder den Joghurt unterrühren und lauwarm servieren.

Sie können auch verzehrfertige Dörrpflaumen statt frischer Pflaumen verwenden. Das ist insbesondere dann sinnvoll, wenn Ihr Baby an Verstopfung leidet.

Rechts: Pflaume und Pfirsich

Erdbeere und Banane

Alle Zutaten im Standmixer fein pürieren.

 4 MINUTEN

🍽 2 PORTIONEN

❄ GUT ZUM EINFRIEREN

150 g Erdbeeren, geputzt
  und halbiert
2 kleine Bananen, geschält
  und klein geschnitten
2 EL Apfelsaft

Erdbeere, Pfirsich und Birne mit Zwieback

Alle Obstsorten in einen kleinen Topf geben und zugedeckt etwa 3 Minuten köcheln, dann pürieren.

Den Zwieback in einen Gefrierbeutel geben und mit einem Nudelholz fein zerkleinern. Obstmus und Zwieback verrühren.

Ist der Obstbrei zu flüssig, kann er mit Schmelz- oder Reisflocken, zerkrümeltem Zwieback oder zerdrückter Banane etwas eingedickt werden.

🖊 8 MINUTEN

▦ 3 MINUTEN

🍽 2 PORTIONEN

❄ GUT ZUM EINFRIEREN

75 g Erdbeeren, geputzt und
  geviertelt
1 großer, saftiger, reifer
  Pfirsich, gehäutet,
  entsteint und gewürfelt
1 große reife Birne, geschält,
  Kerngehäuse entfernt und
  gewürfelt
1 Zwieback

Das kann ich alleine

Gesund kochen für Babys erste Versuche mit dem Löffel

Allein essen und Neues entdecken

Etwa im Alter von neun Monaten erwacht bei vielen Kindern der Wille nach mehr Unabhängigkeit. Viele möchten beispielsweise allein essen. Gegen Ende des ersten Lebensjahres werden manche auch eigenwilliger, was die Speisenauswahl anbelangt. Der Gewichtszuwachs verlangsamt sich nun deutlich und der große Hunger oder unbändige Appetit lässt etwas nach. Vielleicht krabbelt Ihr Nachwuchs auch schon – da passt still im Hochstuhl sitzen und sich füttern lassen so gar nicht mehr zum Selbstverständnis.

Viele Gerichte in diesem Kapitel kann Ihr Baby in der Tat selbst essen. Geben Sie ihm eventuell etwas Weiches zum Essen in die Hand, während Sie parallel mit dem Löffel füttern. Auch einen ganz einfachen Löffel kann es gewiss schon halten. Besorgen Sie einen Teller mit Gummiboden oder -füßen, der nicht so leicht verrutscht. Eine abwaschbare Essumgebung (inklusive Boden) ist in dieser Phase unbedingt zu empfehlen.

Haben Sie Nachsicht und sehen Sie über die mangelnden Tischmanieren großzügig hinweg. Ständiges Mundabwischen verdirbt die gute Laune. Kinder, die früh selbst essen dürfen, haben später mehr Spaß am Essen. Nur das mutwillige Werfen von Speisen sollten Sie unterbinden. In solchen Fällen nehmen Sie den Teller weg und artikulieren Sie Ihr Missbehagen.

Damit das Baby nicht zu schnell abgelenkt wird und statt zu essen lieber wieder spielen möchte, essen Sie bei den Hauptmahlzeiten am besten mit ihm zusammen.

Vor dem Essen sollten die Hände gewaschen werden, denn das Baby ist viel auf dem Boden unterwegs und fasst alles Mögliche an. Übertreiben Sie dabei aber lieber nicht: Wasser und Seife genügen.

Muttermilch oder Folgemilch ist mit ca. 500 ml nach wie vor Babys Hauptgetränk (keine Kuhmilch), ihre Bedeutung lässt aber weiter nach. Steigen Sie zum Ende des ersten Lebensjahrs weitgehend von der Flasche zum Becher um. Eine Schnabeltasse ist eine gute Zwischenlösung, um Ihr Kind langsam von der Flasche zu entwöhnen. Man kann noch daran saugen, aber die Flüssigkeit fließt zügig. Wenn Ihr Kind die Flasche zu sehr vermisst, können Sie sie ihm noch vor dem Schlafengehen geben.

Ab dem vierten Lebensmonat zeigen sich die ersten Zähne. Manche Babys leiden unter dem Zahndurchbruch, er zeigt sich an roten Wangen, leichtem Fieber, gereiztem Gaumen und Ausschlag rund um den Mund. Sollte das Kind aufgrund der Beschwerden über einen längeren Zeitraum nicht mehr essen wollen, gehen Sie zum Kinderarzt. Sorgen Sie sich aber nicht, wenn das Baby einen Tag kaum essen mag, sofern es am nächsten Tag wieder einen guten Appetit hat.

Kühlende Lebensmittel wie ein Gurkenstick oder ein Stück Banane (aus dem Kühlschrank) können die Beschwerden schon etwas lindern. Ein mit Gel gefüllter Beißring aus dem Handel ist ebenfalls hilfreich, vor allem, wenn er gekühlt ist. Sie können auch Fruchtmus in einen Eis-am-Stiel-Bereiter geben und einfrieren.

Der Verdauungstrakt des Babys ist nun so weit entwickelt, dass es fast alles essen darf, was es mit seinen Zähnchen bewältigen kann. Vermeiden Sie noch Salz und würzen Sie stattdessen mit Kräutern, Gewürzen und Knoblauch. Je unterschiedlicher die angebotenen Lebensmittel sind, auch hinsichtlich der Farbe, umso ausgewogener ist die Ernährung – das gilt natürlich nicht nur im Babyalter, sondern auch später noch.

Abwechslung

Variieren Sie nun die Texturen. Füttern Sie nicht mehr nur Pürees – auch wenn Sie sich damit unbeliebt machen. Lassen Sie gewürfeltes, weich gekochtes Gemüse in dieser Form und kochen Sie Nudeln ruhig etwas längerund weicher als bissfest, sodass das Kind sie kauen oder am Gaumen zerdrücken kann. Das Baby sollte nicht kaufaul werden. Kartoffeln, Karotte und Brokkoli mit etwas Butter, Milch und Käse kombiniert, sind eine gute Möglichkeit, immer gröber in der Konsistenz zu werden. Gegarter Couscous sorgt für ein körniges Gefühl im Mund und ist in den Rezepten eine gute Alternative zu kleinen Nudeln.

Verlassen Sie sich hinsichtlich der Mengen ganz auf Ihr Kind. Es weiß am besten, ob es schon satt oder noch hungrig ist. In den Rezepten gibt es Hinweise, ob ein Gericht sich zum Einfrieren eignet. Stellen Sie kleine Portionen zusammen, die man bei Bedarf fix auftauen und erwärmen kann.

Bieten Sie nun alle heimischen Gemüsesorten an, die das Kind noch nicht kennt. Viele grüne Blattgemüse sind etwas bitter, aber voller guter Nährstoffe. Mischen Sie sie darum mit süßerem Gemüse oder verarbeiten Sie sie relativ flüssig als Nudelsauce.

Ein ausgewogenes Angebot an Proteinen ist lebenswichtig, vor allem bei der Ernährung von Babys. Jetzt schmecken schon Mini-Hackbällchen, gefüllte Teigtaschen und Hackfleischsauce. Fetter Fisch wie Lachs ist eine sehr gute Quelle für essenzielle Fettsäuren, die wichtig sind für die Entwicklung des Gehirns.

Wenn Sie sich entschieden haben, Ihr Kind vegetarisch zu ernähren, müssen Sie sicherstellen, dass es ausreichend pflanzliche (statt tierische)

Proteine über die Nahrung erhält. Gute Eiweißquellen sind Hülsenfrüchte, Tofu und Eier. Um die Eisenaufnahme zu verbessern, sollten Sie gleichzeitig Nahrungmittel mit Vitamin C reichen oder einfach einen Schluck verdünnten Orangensaft als Getränk geben. Eisenreiche Lebensmittel sind beispielsweise Linsen und Spinat. Viele Kinder essen sehr gerne Linsen und Spinat, auch wenn die Farbe manchmal abschreckend wirkt.

Bei Verzicht auf Fisch droht ein Mangel an Omega-3-Fettsäuren. Mischen Sie darum Leinsamen unter den Frühstücksbrei oder rühren Sie etwas Leinsamenöl in den Gemüsebrei oder unter die Nudeln.

Wenn Sie selbst Vegetarier sind und auch Ihr Kind gern vegetarisch ernähren möchten, lassen Sie sich im Zweifel bei Ihrem Kinderarzt über die Vor- und Nachteile von vegetarischer Ernährung beraten. Es ist mehr als eine ethische Entscheidung.

Kohlenhydrate liefern Energie und machen satt. Das Angebot an verschiedenen Broten in Biobäckereien ist bei uns sehr groß und gut. Vermeiden Sie unnötig süßes Gebäck.

Auch Nudeln sind gehaltvoll und bei großen und kleinen Kindern gleichermaßen beliebt. Mit einer Portion Brei aus dem Gefrierfach ist zudem im Nullkommanichts ein Essen gekocht.

Das Frühstück wird mittlerweile ebenfalls abwechslungsreicher. Variieren Sie Frühstücksflocken und Müslis. Als Trockenfrüchte wählen Sie die weichen Varianten. Meiden Sie handelsübliche „Corn flakes", denn sie sind meist überzuckert. Müsli, Brot/Brötchen, frisches Obst, Ei und milder Käse: Vielfältiger ist kaum eine Mahlzeit.

Risotto mit Butternusskürbis

🔪 10 MINUTEN

🍲 25 MINUTEN

🍽 4 PORTIONEN

❄ GUT ZUM EINFRIEREN

25 g Butter
50 g Zwiebel, geschält
  und gewürfelt
100 g Basmatireis
450 ml kochendes Wasser
150 g Butternusskürbis,
  geschält, entkernt und
  gewürfelt
225 g reife Tomaten,
  gehäutet, entkernt
  und klein gewürfelt
50 g geriebener Edamer

Die Hälfte der Butter in einem Topf zerlassen und die Zwiebel darin dünsten, bis sie weich ist. Den Reis zugeben und umrühren, bis er glänzt. Das kochende Wasser darübergießen, den Deckel auflegen und 8 Minuten sprudelnd kochen. Den Butternusskürbis zugeben, die Hitze reduzieren und etwa 12 Minuten abgedeckt köcheln, oder bis das Wasser aufgesogen wurde.

In der Zwischenzeit die übrige Butter in einem kleinen Topf zerlassen und die Tomaten darin 2–3 Minuten dünsten. Den Käse zugeben und rühren, bis er geschmolzen ist, dann die Tomatensauce unter die Reismischung heben.

Butternusskürbis ist reich an Beta-Carotin, die Vorstufe von Vitamin A, das Krebs vorbeugt und das Immunsystem stärkt.

Kabeljau mit Lauch, Karotte und Kartoffeln

10 MINUTEN

20 MINUTEN

6 PORTIONEN

GUT ZUM EINFRIEREN

1 TL Butter
1 kleine Stange Sellerie,
    geputzt und fein
    gewürfelt
1 kleine Lauchstange,
    geputzt und grob
    gewürfelt
50 g Karotte, geschält und
    fein gewürfelt
100 g Kartoffeln, geschält
    und fein gewürfelt
1 EL Mehl
350 ml Milch
15 g geriebener Parmesan
½ TL Dijon-Senf
150 g Kabeljau oder
    Schellfisch ohne Haut,
    in 2 cm dicken Würfeln
1 EL Schnittlauchröllchen
½ TL Zitronensaft

Die Butter in einem kleinen Topf zerlassen. Stangensellerie, Lauch, Karotte und Kartoffeln darin 3–4 Minuten dünsten.

Das Mehl darüberstäuben, dann die Milch zugießen und umrühren. Aufkochen und weiterrühren, bis die Sauce eindickt. Abgedeckt 8 Minuten köcheln, bis das Gemüse gar ist.

Käse, Senf und Fisch zugeben und weitere 5 Minuten köcheln, bis der Fisch ebenfalls gar ist. Mit Schnittlauch bestreuen und mit Zitronensaft beträufeln.

Das Fett in Milchprodukten wie Butter, Käse, Joghurt und Milch versorgt das Baby mit Vitamin A und D. Reine Obst- oder Gemüsebreie genügen in dem Alter nicht mehr, sie haben zu wenig Kalorien.

Legen Sie die rohen Fischstäbchen auf ein mit Frischhaltefolie ausgelegtes Backblech. Mit Folie abdecken und zwei Stunden einfrieren, bis die Streifen hart sind, dann in einen Gefrierbeutel umfüllen. Einzeln entnehmen und wie rechts beschrieben zubereiten.

Knusprige Fischstäbchen mit Zitronen-Mayo-Dip

Den Fisch in daumendicke Streifen schneiden. Abgedeckt in den Kühlschrank stellen. Puffreis, Parmesan und Paprikapulver in der Küchenmaschine fein zerkleinern. Auf einen Teller schütten und mit schwarzem Pfeffer würzen. Das Mehl auf einem zweiten Teller verteilen. Das Ei in einen tiefen Teller geben.

Jeden Fischstreifen zuerst im Mehl wälzen, dann durchs Ei ziehen und schließlich in den Bröseln wälzen. Auf eine saubere Platte legen. Weiter zubereiten oder wie links beschrieben einfrieren.

Die Fischstäbchen für den sofortigen Verzehr im heißen Öl 1½–2 Minuten von jeder Seite braten, bis sie goldbraun und gar sind. Auf Küchenpapier etwas abkühlen lassen.

Für den Dip alle Zutaten in einer kleinen Schüssel verrühren. Zu den Fischstäbchen servieren.

20 MINUTEN

3–4 MINUTEN

6–8 PORTIONEN

GUT ZUM EINFRIEREN (ROH)

225 g Seezungenfilet ohne Haut, alternativ Schollenfilet
45 g Puffreis
3 EL frisch geriebener Parmesan
¼ TL süßes Paprikapulver
frisch gemahlener schwarzer Pfeffer
2 EL Mehl
1 Ei, verquirlt
2–3 EL Sonnenblumenöl, zum Braten

Für den Dip
2 EL Mayonnaise
2 EL Joghurt
1 TL frisch gepresster Zitronensaft

Fruchtiges Hähnchen-Curry mit Nudeln

Die Nudeln nach Packungsanweisung garen, aber ohne Salz im Kochwasser, und abtropfen lassen.

Das Öl in einer Pfanne erhitzen, dann Zwiebel und Ingwer darin 5 Minuten dünsten. Das Currypulver einrühren, dann Fond und Kokosmilch zugießen. Aprikosen und Kürbis zugeben, aufkochen und abgedeckt 10 Minuten köcheln, bis der Kürbis weich ist. Mit dem Stabmixer fein zerkleinern.

Das Hähnchen 3–4 Minuten braten, danach die Sauce darübergießen. Zum Schluss die Nudeln einrühren.

 8 MINUTEN

 20 MINUTEN

 4 PORTIONEN

 GUT ZUM EINFRIEREN

60 g Suppennudeln in Muschelform

2 TL Sonnenblumenöl

50 g Zwiebel, geschält und fein gewürfelt

¼ TL frisch geriebener Ingwer

2 TL süßliches Currypulver oder Korma-Paste

150 ml ungesalzener Geflügelfond

100 ml Kokosmilch

15 g getrocknete Aprikosen, grob gewürfelt

50 g Butternusskürbis, geschält, entkernt und fein gewürfelt

75 g Hähnchenbrustfilet, sehr klein gewürfelt

Korma-Paste ist leicht süßlich, das schmeichelt dem zarten Babygaumen.

Mini-Hackbällchen

 15 MINUTEN

 18–20 MINUTEN

 24 HACKBÄLLCHEN

⊛ GUT ZUM EINFRIEREN

80 g Semmelbrösel
250 g Rinderhackfleisch
100 g Zwiebel, geschält
   und fein gewürfelt
½ Apfel, geschält, Kern-
   gehäuse entfernt und
   gerieben
1 Knoblauchzehe, zerdrückt
30 g geriebener Parmesan
1 TL frisch gehackter
   Thymian
2 TL Worcestersauce
1 TL Tomatenmark
1 Eigelb
frisch gemahlener
   schwarzer Pfeffer

Den Ofen auf 220 °C vorheizen. Alle Zutaten in der Küchenmaschine mit dem Messereinsatz vermengen. Zu 24 etwa walnussgroßen Bällchen formen und auf einem Backblech verteilen.

18–20 Minuten backen, nach der Hälfte der Backzeit wenden. Alternativ in etwas Sonnenblumenöl braten, dabei regelmäßig wenden, bis sie gar sind.

Diese köstlichen Hackbällchen kann man prima mit den Fingern essen. Sie schmecken zu gedämpftem Gemüse wie Karotte oder Brokkoli.

Hackbällchen mit Spaghetti und Tomatensauce

🖊 25 MINUTEN

▭ 30 MINUTEN

⏲ 8 PORTIONEN

❄ GUT ZUM EINFRIEREN

Für die Hackbällchen die Semmelbrösel etwa 5 Minuten in der Milch einweichen. 1 Esslöffel Öl in der Pfanne erhitzen und die Zwiebel darin weich dünsten. Mit den übrigen Zutaten (außer dem restlichen Öl) in der Küchenmaschine mit dem Messereinsatz fein zerkleinern. Daraus mit bemehlten Händen 16 Bällchen formen.

Die Spaghetti nach Packungsanleitung garen, aber ohne Salz im Kochwasser, dann abgießen.

In der Zwischenzeit das restliche Öl in einer großen Pfanne erhitzen und die Hackbällchen darin scharf anbraten, dann bei reduzierter Hitze 5–6 Minuten fertig garen, dabei gelegentlich wenden.

Für die Sauce das Olivenöl in einem Topf erhitzen, Zwiebel und Knoblauch darin 5–6 Minuten dünsten. Passierte Tomaten und Basilikum einrühren. 5–6 Minuten köcheln, dann die Hackbällchen zugeben und noch einige Minuten garen. Mit den Spaghetti servieren oder portionsweise einfrieren.

60 g Semmelbrösel
2 EL Milch
3 EL Pflanzenöl
50 g Zwiebel, geschält und fein gewürfelt
½ Apfel, gerieben
225 g Rinderhackfleisch
1 EL frisch gehackte Petersilie
2 EL geriebener Parmesan
½ Ei, leicht verquirlt
ein Spritzer Worcestersauce
gem. schwarzer Pfeffer

Mehl für die Hände
200 g Spaghetti

Tomatensauce
2 EL Olivenöl
1 Zwiebel, geschält und gewürfelt
1 Knoblauchzehe, zerdrückt
500 ml passierte Tomaten
einige Basilikumblätter, in feinen Streifen
gem. schwarzer Pfeffer

Nudeln mit Tomaten-Mascarpone-Sauce

🔪 10 MINUTEN

🍳 20 MINUTEN

🍪 4 PORTIONEN

❄ GUT ZUM EINFRIEREN

Die Nudeln nach Packungsanweisung garen, aber ohne Salz im Kochwasser, und abgießen.

In der Zwischenzeit das Öl in einem Topf erhitzen. Zwiebel, Karotte, Zucchini und Sellerie 5 Minuten darin dünsten. Den Knoblauch zugeben und 1 Minute dünsten. Die Champignons zugeben und 2 Minuten dünsten. Passierte Tomaten oder Tomatenstücke mit dem Apfelsaft einrühren und zugedeckt 10 Minuten köcheln, dabei gelegentlich umrühren.

Die Tomatensauce vom Herd nehmen, Basilikum zugeben (falls verwendet) und alles in der Küchenmaschine pürieren. Wieder in den Topf geben, dann Mascarpone und Parmesan einrühren. Die Sauce über die Nudeln gießen.

Für eine cremige Tomaten-Hähnchen-Bolognese noch 75 g gewürfelte, gegarte Hähnchenbrust zusammen mit den Champignons zugeben.

60 g Suppennudeln in Muschelform
1 EL Olivenöl
140 g rote Zwiebel, geschält und gewürfelt
30 g Karotte, geschält und gewürfelt
30 g Zucchini, geputzt und gewürfelt
15 g Staudensellerie, geputzt und gewürfelt
1 Knoblauchzehe, zerdrückt
50 g Champignons, geputzt und gewürfelt
400 ml passierte Tomaten oder 400 g stückige Tomaten aus der Dose
2 EL Apfelsaft
2 EL Basilikumblätter, zerzupft (nach Belieben)
3 EL Mascarpone
3 EL geriebener Parmesan

Frühstücksmüsli

✐ 4 MINUTEN, PLUS 1 STUNDE
ZUM EINWEICHEN

🍪 1–2 PORTIONEN

❄ NICHT EINFRIEREN

Haferflocken und Weizenkeime (falls verwendet) in einer Schüssel mit Saft übergießen. Für eine Stunde oder über Nacht einweichen lassen. Vor dem Servieren Apfel und Trauben einrühren.

20 g zarte Haferflocken
½ EL Weizenkeime
(nach Belieben)
75 ml Apfel-Mango-Saft
(oder nur Apfelsaft)
½ kleiner Apfel, geschält
und gerieben
4 Trauben, gehäutet,
entkernt und gewürfelt

Babymüsli

✐ 8 MINUTEN

🍪 1 PORTION

❄ NICHT EINFRIEREN

Haferflocken, Aprikosen, Rosinen und gemahlene Mandeln in den Standmixer geben. Den Saft zugeben und 5 Minuten einweichen lassen. Dann kurz durchmixen. In eine Schüssel füllen und den geriebenen Apfel einrühren.

2 EL zarte Haferflocken
1 EL fein gewürfelte
getrocknete Aprikosen
½ EL Rosinen
1 EL gemahlene Mandeln
4 EL Apfel-, Orangen- oder
Ananassaft
½ kleiner Apfel, geschält
und gerieben

Joghurt mit rotem Obstmus

 3 MINUTEN

 2 MINUTEN

 4–6 PORTIONEN

(※) GUT ZUM EINFRIEREN
(OHNE DEN JOGHURT)

2 EL Apfelsaft
150 g Heidelbeeren,
    abgespült
2 EL Zucker
100 g Erdbeeren, geputzt
    und geviertelt
75 g Himbeeren, abgespült
Naturjoghurt, zum
    Servieren

Apfelsaft und Heidelbeeren in einem Topf sanft erhitzen, bis die ersten Heidelbeeren aufplatzen. Vom Herd nehmen, dann Zucker, Erdbeeren und Himbeeren einrühren. So lange rühren, bis der Zucker sich aufgelöst hat. Mit Joghurt servieren oder portionsweise – ohne Joghurt – einfrieren.

Dieses köstliche Beerenmus schmeckt auch mit Haferbrei statt mit Joghurt.

Arme Ritter mit Beeren

2 MINUTEN

5 MINUTEN

8 DREIECKE

NICHT EINFRIEREN

1 Ei, verquirlt
1 EL Milch
2 TL Puderzucker, plus etwas
mehr zum Servieren
1 Prise Zimtpulver
2 Scheiben helles Brot,
Kruste abgeschnitten
1 TL Butter
Himbeeren und Heidel-
beeren zum Servieren

Ei, Milch, Puderzucker und Zimt in einer flachen Schüssel verrühren. Die Brotscheiben zweimal diagonal in Dreiecke schneiden. Alternativ mit Plätzchenformen andere Formen ausstechen. Die Brote in der Eimischung wenden und etwas einweichen lassen.

Die Butter in der Pfanne zerlassen, dann die Brote darin 5 Minuten braten, nach der Hälfte der Zeit wenden, bis sie hellbraun sind.

Mit den Beeren anrichten, dann alles mit Puderzucker und Zimt bestäuben.

Heidelbeeren sind reich an Vitamin C und Beta-Carotin. Der blaue Farbstoff Anthocyan in der Fruchthaut soll vor Krebs schützen.

Speiseplan ab 6 Monaten

	Tag 1	Tag 2	Tag 3
Frühstück	**Lieblingsbrei (S. 61)** Milch	Getreidebrei mit Milch **Nektarine und Apfel** **(S. 65)** Milch	**Apfel, Birne und** **Dörrpflaume mit Hafer** **(S. 63)** Milch
Vormittag	Milch	Milch	Milch
Mittag	**Zitronen-Seezungen-** **Püree (S. 42)**	**Annabels Hühnchenbrei** **(S. 50)**	**Rindfleisch, Karotte** **und Süßkartoffel (S. 55)**
Nachmittag	Milch	Milch	Milch
Abend	**Karotte, Süßkartoffel** **und Brokkoli (S. 40)**	**Muschelnudeln mit** **Butternusskürbis** **in Tomatensauce (S. 56)**	**Linsenbrei (S. 38)**
Später Abend	Milch	Milch	Milch

Dieser Speiseplan kann als grober Anhaltspunkt dienen.
Man kann aber eine Mahlzeit durchaus mehrmals in einer
Woche füttern. Mittags und abends reichen Sie zusätzlich
Wasser oder stark verdünnten Fruchtsaft als Getränk.

Tag 4	Tag 5	Tag 6	Tag 7
Hafer, Banane, Pfirsich und Aprikose (S. 65) Milch	gut durchgebratenes Rührei Milch	**Erdbeere, Pfirsich und Birne mit Zwieback (S. 69)** Milch	Zwieback **Pflaume und Pfirsich (S. 66)** Milch
Milch	Milch	Milch	Milch
Kabeljau mit Orange und Kürbis (S. 46)	**Hühnchen mit Süßkartoffel und Apfel (S. 49)**	**Geschmortes Rindfleisch mit Karotte, Pastinake und Süßkartoffel (S. 54)**	**Hühnchen mit Mais (S. 53)**
Milch	Milch	Milch	Milch
Muschelnudeln mit Karotte und Tomate (S. 58)	**Schellfisch, Karotte und Erbsen (S. 45)**	**Süßkartoffel mit Spinat und Erbsen (S. 37)**	**Baby-Bolognese (S. 59)**
Milch	Milch	Milch	Milch

Zwischen sechs und neun Monaten beginnt Ihr Kind, Essen selbst zum Mund zu führen. Reichen Sie trockenes Brot, Stücke von weichem Obst sowie gedämpftes, lauwarmes Gemüse zu den Mahlzeiten.

Register